# DinoSaurier

Ich lese vor
UND
du liest mit!

## SPANNENDE DINOSAURIERABENTEUER

# INHALT

# FETTE BEUTE FÜR FAMILIE T-REX

„Ich krieg dich, du bakterienschleuderndes Mini-Reptil!"
„Nein, ich krieg dich, du unförmige Wackel-Echse!"

Es geht gerade hoch her auf einer Lichtung im dichten urzeitlichen Wald auf dem Kontinent, der in vielen Millionen Jahren einmal Nordamerika heißen soll. Zwei junge Tyrannosaurus-Rex-Dinosaurier kämpfen und raufen miteinander. Dabei sind sie nicht zimperlich und beißen auch schon mal zu.

Aber so langsam
wird es Mama T-Rex
doch zu bunt.
„Hört auf mit dem Unsinn!",
ermahnt sie ihre beiden
wilden Jungtiere.

„Spart euch lieber die Kräfte, wir müssen heute noch auf die Jagd gehen. Ihr habt doch bestimmt auch Hunger."
Das überzeugt die beiden Raufbolde sofort, und statt weiter zu kämpfen, stampfen sie mit ihrer Mutter los auf Beutezug.

Wer später mal einer der größten Dinosaurier mit einem Gewicht von fast sieben Tonnen werden will, der muss auch ordentlich fressen. Im Falle eines Tyrannosaurus Rex heißt das: Fleisch muss her – viel Fleisch.

Bis jetzt hat
immer nur Mama
die Beute gejagt
und mit ihren Jungen geteilt.
Aber so langsam
sind sie alt genug,
um mitzukommen.

Familie Tyrannosaurus entgeht nicht die kleinste Bewegung im dichten Urwaldgestrüpp. Sie sind mit ihren mächtigen Körpern und schweren Schritten zwar nicht gerade Meister im Anschleichen, aber andere Dinosaurier sind auch nicht gerade Meister im schnellen Davonlaufen. Da vorne raschelt etwas, das könnte eine gute Gelegenheit sein. Eines der Jungtiere prescht begeistert vor.

„Aaangriiiff!“, brüllt er aus voller Jung-T-Rex-Kehle. Das klingt zwar noch nicht so schön laut und grollend wie bei Mama, ist aber immerhin genug, um einen Ankylosaurus in Angst und Schrecken zu versetzen. Der Pflanzenfresser war im Gebüsch auf Nahrungssuche und hatte gehofft, die Raubsaurier würden ihn übersehen. Das hat leider nicht funktioniert – aber so leicht will er nicht zur Beute werden!

Während der junge
T-Rex heranstürmt,
bringt sich der Ankylosaurus
in Verteidigungsstellung.

Mama T-Rex will ihr Junges noch bremsen und brüllt: „Achtung! Halt an!“ Der zweite junge Saurier bleibt lieber gleich in ihrer Nähe und beobachtet mit einer Mischung aus Angst und Neugier, was passiert. Und dann geht es ganz schnell!

Denn der übermütige junge Saurier weiß noch nicht, dass ein Ankylosaurus der Dino mit der dicksten Panzerung ist. Außerdem hat er eine schwere Knochenkeule am Schwanz – und die trifft den kleinen Tyrannosaurus jetzt direkt am Kopf. Er ist ja noch nicht so groß und mächtig wie seine Mama, deshalb hat der Ankylosaurus gegen ihn eine echte Chance.

„Au!“, brüllt der Getroffene
dann wütend auf,
bevor er mit einem
schwindeligen Gefühl im Kopf
zu Boden sinkt.
Das Überraschungsmoment
nutzt der Ankylosaurus
gleich zur Flucht.

„Diese Beute ist wohl entkommen“, knurrt Mama T-Rex unzufrieden. „Merk dir das fürs nächste Mal – lieber ruhig im Hinterhalt bleiben und dann zuschlagen, wenn keiner damit rechnet. Das ist meist die beste Jagdmethode.“
Dem kleinen Tyrannosaurus brummt mächtig der Schädel, aber diese Lektion wird er wirklich nicht vergessen.

„Manchmal hat man auch Glück und findet ein Beutetier, das bereits tot ist. Dann hat man eine ganze Menge Arbeit gespart“, erklärt Mama weiter. „Aber das ist sehr selten. Ansonsten gilt – immer schön fest zubeißen. Unsere Zähne sind nämlich so hart, dass sie sogar Knochen zerbeißen können!“

Bevor die Jagd weitergeht,
übt sie mit ihren Jungen
lieber noch einmal
das grollende Brüllen
und wütende Stampfen,
womit ein echter Tyrannosaurus
den anderen Sauriern
normalerweise klarmacht,
wer der König im Urwald ist.

Nach ein paar Versuchen klappt es schon ganz gut und es wird noch viel besser werden, je größer die kleinen Raubsaurier werden. Aber das Grollen, das jetzt zu hören ist, hat nichts mit lautem Rufen zu tun – es sind die hungrigen Mägen der drei.

Zeit, die Jagd fortzusetzen. Jetzt sollen die Jungen zeigen, was sie gelernt haben. Der direkte Angriff hat ja noch nicht so gut funktioniert, vielleicht probieren sie es doch mal mit dem Hinterhalt, wie Mama ihnen geraten hat.

„Wäre die Lichtung da vorne
nicht ein guter Platz?“,
fragt einer der Kleinen.
„Sie ist von dichtem Gestrüpp
und hohen Bäumen umgeben.
Da kannst sogar
du dich verstecken, Mama.“

Mama Tyrannosaurus ist zufrieden mit dem Plan und so suchen sich alle ein gutes Versteck. Und dann passiert … gar nichts! Keine Beute weit und breit in Sicht. Und mit hungrigem Bauch dauert Warten noch einmal doppelt so lange.

Die jungen Saurier
werden sehr mürrisch.
Mamas Jagdmethode
scheint ja auch nicht
so toll zu sein.

Aber schließlich
tut sich doch noch etwas:
Ein mächtiger
Triceratops horridus
tritt aus dem Wald.
Er will wohl
die Wiese auf der Lichtung
zum Grasen nutzen.

Die jungen Tyrannosaurier sind begeistert – ihre erste richtige Beute ist zum Greifen nahe.
„Ist der hässlich mit seinen drei Hörnern!“, kichert eines der Jungtiere. Der andere kleine T-Rex kann es kaum noch abwarten.
„Ist jetzt eine gute Gelegenheit, Mama? Kann ich los und ihn erledigen?“
Aber die Mutter muss ihn enttäuschen: „Die Gelegenheit ist zwar günstig, aber es ist die falsche Beute. Vor den spitzen Hörnern nehme selbst ich mich in Acht. Triceratops jage ich nur, wenn ich gar nichts anderes finde.“
Wütend und enttäuscht stampfen die beiden Jungsaurier auf.
Das kann doch nicht wahr sein – die ganze Warterei umsonst!

Das mit dem Stampfen hätten sie besser gelassen, denn so haben sie den Triceratops jetzt auf sich aufmerksam gemacht. Und auch er hat wie der Ankylosaurus vorhin nicht vor, einfach so eine leichte Beute zu werden. Den Kopf mit den spitzen Hörnern vorgebeugt, den Nackenschild aufgerichtet, sieht er sich aufmerksam auf der Lichtung um und stößt drohende Laute aus.

„Kommt, wir verziehen uns!“,
brummt Mama T-Rex.
„Ich lege keinen großen Wert
auf ein paar Stichwunden
in meiner schönen Dino-Haut.“

„Für heute hast du noch mal Glück gehabt!“, kann es einer der Jungen doch nicht lassen, dem Triceratops zuzurufen. „Warte nur ab, ich krieg dich schon irgendwann, wenn ich groß bin!“
Dann machen sich die drei Raubsaurier auf den Weg zum Seeufer.
Hier hat Mama eigentlich immer Glück.

So leise, wie das als Tyrannosaurus eben geht, nähert sich die Familie zwischen den Bäumen dem sumpfigen Seeufer. Hier kommen regelmäßig andere Dinos hin, um zu trinken und von den saftigen Pflanzen zu fressen. Endlich scheinen auch Mama T-Rex und ihre Jungen Glück zu haben: Ein unaufmerksamer Edmontosaurus treibt sich in Wassernähe herum.

„Der ist ja fast so groß wie du, Mama“, staunt da einer der kleinen Raubsaurier. „Ja, aber er ist viel leichter. So ist er eine gute Beute für uns und keine Gefahr. Wir müssen nur noch den richtigen Moment abwarten“, antwortet Mama.

Auch sie ist jetzt angespannt – nur keinen Fehler machen. Doch da ist es schon passiert: Wütend hat einer der Jungen mit dem Fuß aufgestampft.
„Oh nein, schon wieder warten!“, mault er nicht gerade leise.

Natürlich hat ihn der Edmontosaurus gehört. Aufgeschreckt dreht er sich vom Ufer weg, um herauszufinden, wo das bedrohliche Geräusch herkommt. Doch die wahre Gefahr lauert direkt hinter ihm:

**Ein Riesenkrokodil schnellt aus dem See empor und versucht sofort, den Edmontosaurus zu erwischen.**

Aber jetzt hat Mama T-Rex genug. Diesmal ist es ihre Beute – keine Diskussion! Mit lautem Gebrüll stößt sie mit ihren Jungen aus dem Wald hervor. Im letzten Moment lässt das Krokodil von dem Edmontosaurus ab und taucht in den See zurück. Es will nicht selbst zur Beute werden. Und so gelingt Familie T-Rex endlich der ersehnte Jagderfolg.
Die Beute wird dann gerecht geteilt – auch wenn es schwerfällt. Zankereien bleiben aber trotzdem nicht aus. Mama T-Rex schüttelt den Kopf. Ihre Jungen müssen noch viel lernen …

# SAURIER ÜBERALL

Als Libelle kommt man viel herum und hat aus der Luft außerdem den besten Überblick. Das gefällt der roten Libelle Hexapoda prima. Pfeilschnell schwirrt sie mit ein paar Flügelschlägen von einem Ort zum nächsten, immer auf der Suche nach aufregenden Abenteuern. Ohne ihre Ausflüge wäre ihr Leben viel zu langweilig, findet sie.

Leider gibt es
auf der Erde
vor 166 Millionen Jahren
noch nicht so viel
zu sehen –
außer Dinosauriern.
Mit denen kennt sich
Hexapoda bestens aus.
Sie findet es spannend,
die gigantischen Echsen
zu beobachten.

Manchmal schwirrt sie dafür sogar bis an den Ozean, obwohl ihr das riesige Gewässer mit den hohen Wellen ein bisschen unheimlich ist. Der ruhige, sumpfige See, an dem sie normalerweise wohnt, ist ihr als Zuhause eindeutig lieber.

Aber am Ozean ist es immer sehr spannend – auch heute. Ein Ophthalmosaurus ist aufgetaucht, eine Beobachtung, die man selten macht. Hexapoda hat erst einmal einen gesehen. Von anderen Insekten und Sauriern hat sie gehört, dass ein Ophthalmosaurus in die tiefsten Tiefen bis auf den Meeresgrund tauchen kann, dorthin, wo es unter Wasser so dunkel ist wie in der Nacht. Hexapoda will sich das lieber nicht vorstellen mit dem Tauchen, nass werden mag sie gar nicht. Und in der Nacht versteckt sie sich immer gut, um nicht gefressen zu werden.

Zum Glück macht
ein Ophthalmosaurus
nur Jagd auf
Fische und Meerestiere.
Bei ihm ist Hexapoda
nicht in Gefahr.
Mit seinen riesigen Augen
schaut sich der Meeressaurier
noch einmal um,
dann ist er
auch schon wieder
in den Weiten des Ozeans
verschwunden.

Als Libelle kann Hexapoda durch ihren schnellen Flügelschlag in der Luft stehen bleiben. Das ist nützlich, wenn man genau unter sich etwas betrachten will. Denn gerade entsteht direkt unter der Wasseroberfläche große Unruhe. Das muss sich Hexapoda genauer anschauen. Mit ihren scharfen Facettenaugen entgeht ihr nichts.

Ein mächtiger Pliosaurus
ist auf Beute aus.
Der ist doppelt so lang
wie der Ophthalmosaurus
und sieht mit seinen
vier komischen Schwimmbeinen
sehr schwerfällig aus.

Doch Hexapoda hat ihn schon oft beobachtet – im Wasser ist der Koloss schnell und wendig, sodass sich alle Meeresbewohner vor dem Räuber in Acht nehmen müssen. Hexapoda gruselt sich vor allem, wenn der Pliosaurus sein Maul aufreißt und seine spitzen Zähne zeigt. Zum Glück steht sie auch bei ihm nicht auf dem Speiseplan.

Ein unvorsichtiger Ichthyosaurus
hat weniger Glück.
Er ist viel kleiner
und damit eigentlich flinker
als der Pliosaurus.

Aber jetzt war er durch die eigene Jagd abgelenkt und ist damit leichte Beute. Hexapoda beobachtet gebannt, wie der Pliosaurus blitzschnell heranschwimmt und den Ichthyosaurus eigentlich schon im Maul hat.

In letzter Sekunde
kann sich dann
der kleinere Saurier
mit einem Schlag
seiner Schwanzflosse
aus der Gefahrenzone bringen
und blitzschnell abtauchen.

Das ist noch mal gut gegangen. Aber auch Hexapoda muss jetzt aufpassen – über dem Meer ist Wind aufgekommen. Bevor er zu stark wird, lässt sie sich von der frischen Brise zurück ans Land tragen und macht sich auf den Weg zu ihrem Zuhause am See.

Unter ihr am Waldrand brüllt ein Megalosaurus. Den kennt Hexapoda gut. Jeden Tag stampft die riesige Echse durch den Wald, dass die Bäume wackeln, und kommt auch zum See, um Wasser zu trinken. Manchmal schwirrt Hexapoda dann ganz nah an ihn heran, um ihn genau betrachten zu können.

Das Gebrüll
kann nur bedeuten,
dass der Raubsaurier
Hunger hat.
Er ist dank seiner Größe
ein guter Jäger.
Aber warum
verfolgt er jetzt Hexapoda?
Eine Libelle ist doch
kein Futter für ihn.

Als im nächsten Moment aber ein Schatten auf Hexapodas Flugbahn fällt, weiß sie sofort Bescheid – nicht ihr gilt die Aufmerksamkeit des hungrigen Megalosaurus, sondern dem Flugsaurier Rhamphorhynchus. Und der ist seinerseits hungrig – auf Libellen! Wenn sie ihm entkommen will, muss Hexapoda ihre ganze Flugkunst unter Beweis stellen.

So schnell sie kann, schlägt sie mit ihren Flügeln. Ihre Facettenaugen helfen ihr, sich blitzschnell umzusehen. Rechts – links – rechts – und wieder links: Im Zickzack fliegt Hexapoda den Rhamphorhynchus schwindelig. Und auch der Megalosaurus hat Mühe, auf dem Boden diesen verrückten Flugmanövern zu folgen.

Schließlich gibt der Megalosaurus
wütend auf
und verzieht sich
in den Wald,
um dort leichtere Beute
zu erwischen.

Als dann der Flugsaurier fast mit dem Kopf gegen einen Baumstamm knallt und beinahe abstürzt, hat auch er genug. Diese Libelle ist einfach zu schnell und lohnt die Verfolgung nicht. Erleichtert erreicht Hexapoda den Teich, wo sie sich auf einer Wasserpflanze ausruht. Für heute hat sie genug von den Sauriern, aber morgen wird sie ihre Beobachtungen fortsetzen – zu Lande, zu Wasser und in der Luft. Saurier gibt es eben überall.

# QUARTETT MIT FOLGEN

Im Kinderzimmer von Luca geht es heute hoch her. Seine besten Freunde Nils und Paul sind zu Besuch. Paul hat sein neues Dinosaurier-Quartett mitgebracht, was jetzt ausgiebig begutachtet werden muss. Die drei Freunde sind nämlich schon seit dem Kindergarten große Dino-Experten.

In ihren Zimmern
stapeln sich Dino-Bücher,
Dino-Spielfiguren und -Plüschtiere,
Dino-Spiele und mehr.
Luca hat sogar
eine Dino-Tapete
an der Wand
und Dino-Bettwäsche.

Wer hat jetzt wohl die besten Karten auf der Hand und kann alle Rekorde brechen?
„Mein Argentinosaurus ist der Größte“, jubelt Luca. „40 Meter Länge, neun Meter Höhe und knapp 100 Tonnen Gewicht kann keiner übertreffen.“ Da müssen ihm seine Kumpel leider recht geben. Diese Runde geht an Luca.

Paul überlegt:
„Stellt euch mal vor –
40 Meter lang,
das ist ja fast
die halbe Länge des Fußballfeldes.
Da könnte man ja
zwei Argentinosaurier
hintereinander draufstellen!“

Diese Vorstellung finden alle zu komisch, vor allem wenn man sich ausmalt, was so ein Koloss mit einem winzigen Fußball anstellen soll. Ganz zu schweigen davon, dass ein Fußballrasen bestimmt nicht zweimal 100 Tonnen Gewicht aushält. Außerdem würden die Pflanzenfresser ihn auch noch abgrasen.
Nils stellt sich auf seine Hände und Füße und macht sich so lang, wie er kann. Dann läuft er auf allen vieren durchs Zimmer und brüllt ganz laut: „Ich bin ein Argentinosaurus und habe Hunger auf Gras! Gebt mir Gras!“
Seine Freunde lassen beinahe vor Lachen ihre Karten fallen.

Kichernd geht es dann in die nächste Runde. Luca ist sich fast sicher, dass er mit seinem fleischfressenden Tyrannosaurus Rex wieder punkten kann, schließlich hat der doch schon eine Menge scharfer Zähne. Doch Nils übertrifft ihn – ausgerechnet auch noch mit einem Pflanzenfresser.

„Hier steht, dass mein Hadrosaurus
fast 1000 Backenzähne hatte.
Damit hat er
sehr harte Pflanzen
leicht zermalmen können,
sogar Äste und Zweige."

Zum Spaß nimmt er ein paar Salzstangen, die Lucas Mutter ihnen spendiert hat, quer in seinen Mund und isst sie, ohne seine Hände zu benutzen. Die Krümel spritzen natürlich nur so durch die Gegend. Da kann man sich schon vorstellen, wie es bei den Hadrosauriern vor gut 80 Millionen Jahren zuging. Luca und Paul mampfen jetzt auch eifrig mit.

Als Paul wieder in seine Karten guckt, piepst er plötzlich mit ganz hoher Stimme los: „Ich bin der Schnellste, hurra! Über 60 Stundenkilometer, da kommt ihr nicht mit!“
Darüber müssen die anderen Jungs schon wieder lachen, bevor sie die Quartett-Karte genauer in Augenschein nehmen.
„Der Schnellste vielleicht, aber nicht der Größte“, ruft Nils. „1,20 Meter Länge ist doch gar nichts für einen Dinosaurier.“
„Deshalb hab ich doch so gepiepst“, lacht Paul. „Der konnte bestimmt nicht laut brüllen.“
„Wie spricht man diesen Namen überhaupt aus?“, will Luca wissen und buchstabiert langsam: „Comp-sog-na-thus – puh, ganz schön kompliziert.“

Aber als angehender Dino-Forscher
muss man auch
solche Herausforderungen meistern.
Der deutsche Name
gefällt den Jungs aber besser:
„zierlicher Kiefer“.
Das liest sich auch einfacher.

„Jetzt wird es gefährlich!“, ruft Nils, als er seine nächste Karte aufdeckt. „Ich hab den Dino mit den längsten Hörnern – die sind auch 1,20 Meter lang, wie dieser Compso-Dingsbums alleine.“ Allerdings ist der dazugehörige Dinosaurier, ein Coahuilaceratops, mit 6,50 Metern Länge und 3 Tonnen Gewicht auch deutlich größer als die kleine Echse, sodass das Größenverhältnis zwischen Hörnern und Körper wieder stimmt.

Nils hält seine Hände
wie zwei Hörner an den Kopf,
springt schnell auf
und will seine Freunde
im Spiel angreifen.
„Haaarrr, ich mach euch fertig!“,
brüllt er gefährlich.

Paul ist auch aufgesprungen, aber im Gegensatz zu Nils hat er die Informationen auf der Quartett-Karte zu Ende gelesen. „Der Coahuilaceratops war auch ein Pflanzenfresser, du Spinner!“

„Ja“, ergänzt Luca. „Mit den Hörnern und seinem riesigen Nackenschild wollte er nur Weibchen beeindrucken. Der hat keine anderen Dinos angegriffen, außer er wollte sich verteidigen.“
„Kannst ja mal versuchen, ob du so bei Nina aus der 4 B Erfolg hast“, stichelt Paul jetzt gegen Nils. Dass der schon lange in Nina verknallt ist, ist unter den Freunden kein Geheimnis. Peinlich ist es Nils trotzdem, und deshalb rammt er Paul jetzt doch einmal kräftig seinen Kopf mit den „Hörner-Händen“ gegen die Brust.

Der hat das
nicht kommen sehen
und macht einen Schritt rückwärts.
Aber da sitzt ja
noch Luca auf dem Boden.
Paul stolpert, fällt hin
und hält sich im nächsten Moment
heulend den Fußknöchel.

„Aua, ich habe mir den Fuß umgeknickt, du Idiot! Das tut so weh!“
Nils’ Wut ist schlagartig verraucht. Schnell holt er Lucas Mutter zu Hilfe.

Zum Glück hat sich Paul nicht schlimmer verletzt, er muss den Fuß nur ein paar Tage schonen. Nachdem sich Nils und er gegenseitig beieinander entschuldigt haben für blöde Sprüche und blödes Benehmen, ist die Freundschaft auch wiederhergestellt. Da Paul leider im Moment nicht draußen spielen kann, treffen sich die Freunde am nächsten Tag bei ihm, um weiter das Quartett zu testen.

Dieses Mal haben sie
ihre Dino-Spielfiguren mitgebracht.
Das ist vielleicht
etwas ungefährlicher,
als die Saurier
selbst nachzumachen.

Etwas sauberer ist es auch – Lucas Mutter war schon ziemlich sauer über die Salzstangen-Krümelschlacht auf dem Kinderzimmer-Fußboden. Mütter haben echt keine Ahnung von Dino-Forschung: Wie soll man etwas begreifen, wenn man es nicht ausprobiert?

Als er auf seine nächste Karte schaut, krümmt Paul seine Finger zu gefährlichen Klauen und greift nach seiner neuesten Spielfigur. „Hier, den hab ich sogar: Therizinosaurus mit den längsten Krallen. Abgefahren: Die waren 90 Zentimeter lang. Damit konnte der Dino sogar die Rinde von Bäumen abschälen."
„Iiih, stellt euch das mal vor – so lange Fingernägel", grölt Nils.
„Ja, und am besten noch pink lackiert, so wie bei Janine aus unserer Klasse", fügt Luca hinzu.

**Eins steht schon mal für die Jungs fest: Das werden sie garantiert nicht ausprobieren. Irgendwo sind auch für Dino-Forscher Grenzen.**

Das gilt auch für den Nahrungstest, zu dem Pauls Mutter sie jetzt einlädt: Heiße Würstchen sind ja prima – aber Pflanzennahrung in Form von Brokkoli? Nein danke! Wie gesagt: Irgendwo sind auch für Dino-Forscher Grenzen.

# ZUSAMMEN SIND WIR STARK

Der kleine Micropachycephalosaurus Pachy ist zum Trinken an den Fluss gekommen – und um seinen Kopf zu kühlen. Gerade hat er noch mit einem Artgenossen am Ufer gerauft. Dabei haben sie immer wieder ihre Köpfe gegeneinander gerammt – richtige Dickkopfechsen eben. Natürlich hat Pachy gewonnen und den Rivalen vertrieben. Jetzt gehört ihm sein Revier mit den vielen leckeren Pflanzen und schönen Bäumen wieder alleine. Wenn man schon ein vergleichsweise winziger Saurier ist, muss man eben wissen, wie man sich durchsetzt.

Durstig schlabbert Pachy
das frische, kühle Wasser.
Das tut gut!
Dann wird er jetzt mal
einen Rundgang
durch den Wald machen
und ein paar leckere
Pflänzchen genießen.

Dabei muss er aufpassen, dass er nicht einem seiner pflanzenfressenden Dinosaurier-Freunde unter die riesigen Füße oder versehentlich sogar ins Maul gerät. Die sind nämlich fast zwanzig Mal größer als er. Trotzdem verstehen sie sich gut und haben Spaß zusammen.

Der Tarchia gigantea zum Beispiel muss jedes Mal kichern, wenn ihm der kleine Micropachycephalosaurus zwischen den Krallen herumwuselt. Da ist er nämlich kitzelig! Dafür kann Pachy ihm zeigen, wo am Boden die saftigsten Pflanzen wachsen. Manchmal darf er auch auf seinen großen Freund hinaufklettern und erreicht so die Äste der Bäume, an denen leckere Blätter wachsen.

Echte Freunde
helfen sich eben
gerne gegenseitig.
Auch heute hat Pachy
mal wieder Glück
und trifft den
Tarchia gigantea
auf einer Waldlichtung.

Außerdem sind hier noch zwei Therizinosaurier unterwegs, die Pachy ebenfalls gut kennt. Besonders beeindruckend findet er immer ihre Krallen – alleine die sind schon fast doppelt so lang wie er. Wenn er nicht wüsste, dass auch Therizinosaurier nur Pflanzen fressen, hätte er garantiert Angst vor ihnen.

So aber können
die langen Krallen
auch ihm nützlich werden.
Dank ihrer Größe
kommen die Therizinosaurier
auch an die höchsten Äste
mit den süßesten Blüten.

Ein Griff mit der Krallenhand, schon biegt sich ein besonders dicht bewachsener Ast in Richtung Boden. Einer der Saurier streift kurz mit den Krallen darüber und schon steht Pachy in einem Blütenregen. Fast verschwindet er schon unter der bunten Pracht.

Vom Blütenstaub
muss Pachy niesen.
Das klingt bei einem
50 Zentimeter großen Dino
nicht wirklich beeindruckend.

„Wie niedlich er ist, unser Kleiner“, röhrt einer der Therizinosaurier so gewaltig, dass von seinem Atemhauch gleich der nächste Blütenregen ausgelöst wird. Den verspeisen sie jetzt erst einmal genüsslich zusammen mit dem Tarchia gigantea. Vorher fegt der aber noch vorsichtig mit seiner Schwanzkeule die Blüten beiseite, damit Pachy wieder zum Vorschein kommt.

Die Sonne scheint,
Blütenduft weht herüber,
es könnte ein
perfekter Tag
auf dem Kontinent Asien
vor 72 Millionen Jahren sein,
wenn nicht …

Ja, wenn nicht jetzt aus dem nahen Wald dumpfe, stampfende Schritte und ein lautes Brüllen zu hören wären. Der kleine und leichte Pachy hüpft wegen der schweren Erschütterungen immer wieder in die Höhe – als ob die Erde Schluckauf hätte.

Leider ist es kein Erdbeben, was hier öfter einmal vorkommt, sondern ein hungriger Tarbosaurus auf der Jagd, der jetzt auf die Lichtung tritt. Da der Raubsaurier noch größer ist als ein Tarchia gigantea oder die Therizinosaurier, freut er sich auf leichte Beute. Er fühlt sich unangreifbar und reißt schon mal das Maul mit den vielen spitzen Zähnen auf.

Mit sehr großen,
schnellen Schritten
rennt er gleich
auf die Pflanzenfresser zu.
Aber die sind nur kurz
von dem Schreck
wie gelähmt.

„Das hast du dir wohl so gedacht, du Mistvieh!“, brüllt der Tarchia gigantea dem Räuber mutig entgegen. „Aber nicht mit uns!“ Er duckt sich so flach wie möglich in Richtung Boden, sodass ihn die Knochenplatten auf seinem Rücken vor möglichen Bissen schützen.

Die Therizinosaurier richten sich auf den Hinterbeinen zu ihrer vollen Größe auf und schlagen mit ihren langen, scharfen Krallen nach dem Tarbosaurus.

Für einen kurzen Moment
lässt sich der Räuber
wirklich ablenken
und das ist schon genug
für den Tarchia gigantea.
Mit seiner großen Schwanzkeule
holt er aus
und schleudert sie
dem Angreifer ans Bein.

Mit einem Schmerzensschrei fällt der Raubsaurier zu Boden. Jetzt stürmt auch Pachy mutig herbei und rammt seinen harten Schädel noch einmal an dieselbe Stelle. Der Tarbosaurus hat genug – jammernd schleppt er sich in den Wald, um seine Verletzung auszukurieren.
„Der ist erledigt!“, jubeln die Freunde. „Zusammen sind wir eben unschlagbar.“
Und dann genießen sie endlich in Ruhe weiter die süßen Blüten und kichern, wenn der kleine Pachy sie zwischen den Krallen kitzelt.

# DINOS AUF WANDERSCHAFT

„Wann sind wir endlich da?“
„Wo sind wir bloß?“
„Wieso ist hier überall nur Wasser?“ Verzweifelt grummelt die Herde Ajkaceratopsier vor sich hin, die nach einem riesigen Wald- und Buschbrand ein neues Zuhause sucht. Das Feuer hat alle Pflanzen im weiten Umkreis so gut wie vernichtet, sodass die kleinen Dinos kaum noch Nahrung finden. Seit Tagen laufen sie weite Strecken auf der Suche nach Futter. Sogar durch kleine Flüsse sind sie schon geschwommen – leider vergeblich.

Sie sind in Landschaften geraten,
wo es auch ohne Feuer
so trocken ist,
dass kaum Pflanzen wachsen.
Das ist gar nicht gut.

Jetzt stehen sie wieder einmal vor einer Wasserfläche. Die ist allerdings so viel größer als ein Fluss oder See, dass keiner der Ajkaceratopsier das andere Ufer sehen kann.

Trotzdem – sie haben keine Wahl. Wenn sie nicht verhungern wollen, müssen sie das Wasser überwinden. Mutig stürzt sich der erste der Pflanzenfresser in die Fluten, die anderen folgen rasch. Auf die Gefahren, die im Urmeer lauern, sind sie allerdings nicht vorbereitet.

Es passiert ganz schnell
und lautlos,
noch bevor die Ajkaceratopsier
richtig losgeschwommen sind.

Ein fünfzehn Meter langer Tylosaurus, zehnmal so groß wie die Mini-Dinos, lauert im flachen Wasser auf die leichte Beute. Ein paar schnelle Bewegungen, dann reißt er sein Maul mit den vielen spitzen Zähnen weit auf und hat schon einen Ajkaceratops in die Tiefe gerissen. Vor Schreck schwimmen die anderen wild durcheinander in alle Richtungen, bis das Leittier sich zusammenreißt und wieder die Führung übernimmt.

„Hey, bleibt zusammen, nur so haben wir eine Chance!“, ruft der Anführer. „Wir müssen hier jetzt durch, um neues Land und neues Futter zu finden. Lasst euch von den Wellen tragen, das geht ganz leicht und schont die Kräfte.“

Die anderen Ajkaceratopsier
lassen sich zum Glück
von seinem Mut anstecken.
Tapfer paddeln sie weiter.

Die nächste Begegnung mit einem der riesigen Meeresdinosaurier verläuft glücklicherweise glimpflich, denn die Mini-Dinos sind jetzt sehr wachsam geworden.

Als sie nämlich
unter sich im Wasser
eine Bewegung wahrnehmen,
weicht die ganze Gruppe
auf einmal zur Seite
und bleibt dicht zusammen.

Der schwerfällige Elasmosaurus kommt ihnen zwar mit seinem langen Hals gefährlich nahe, aber die kleinen Pflanzenfresser sind viel wendiger und können ihm entwischen.

Es dauert scheinbar ewig, bis das Leittier endlich ruft: „Land in Sicht!" Tatsächlich ist ein Uferstreifen zu sehen, auf dem Bäume wachsen. Hinter dem Sand scheint sich auch eine grüne Ebene auszubreiten – ein Segen für die hungrigen Pflanzenfresser. Erleichterung macht sich unter den Ajkaceratopsiern breit. Aber das Abenteuer im Wasser ist noch nicht zu Ende.
Abgelenkt von der Aussicht auf festen Boden unter den Füßen passen die Mini-Dinos nicht mehr so gut auf und bemerken die Bewegung im Wasser unter ihnen nicht.

Das rettende Ufer
ist beinahe erreicht,
da schnellt plötzlich
wenige Meter entfernt
erneut ein Gigant
aus dem Wasser.
20 Tonnen schwer
ist der Mosasaurus,
der die Ajkaceratopsier
so kurz vor dem Ziel
noch bedroht.

Doch diesmal haben die Mini-Dinos doppeltes Glück. Zum einen galt der Angriff gar nicht ihnen. Im Wasser treibt ein toter Hadrosaurus, der vielleicht nach einer Verletzung ins Meer gestürzt und ertrunken ist. Darauf hatte es der Mosasaurus abgesehen. Der mächtige Pflanzenfresser ist ja auch eine viel bessere Beute als so ein kleines Häppchen wie ein Ajkaceratops.

**Zum anderen hat der gigantische Meeressaurier beim raschen Auftauchen eine riesige Welle verursacht.**

Die hat die Ajkaceratopsier Hals über Kopf an Land gespült, wo sie jetzt prustend auf dem Sand liegen und erst einmal wieder zu Atem kommen müssen. Langsam richten sie sich auf und beginnen ihre Umgebung zu erkunden. Zum Glück sind die Pflanzen in der grünen Ebene wirklich essbar.

Endlich können sich die kleinen Dinos wieder satt fressen, was sie auch ausgiebig tun – bis ein großer Schatten über ihren neuen Futterplatz fällt. Ein Styracosaurus hat sich der Herde genähert, der ist zwar nicht ganz so riesig wie die Meeressaurier, aber immer noch dreimal so groß wie ein Ajkaceratops. Doch die waren so ins Fressen vertieft, dass sie ihre Umgebung komplett ausgeblendet haben, obwohl ein großer Landsaurier nicht gerade leise ist. Jetzt schrecken die Mini-Dinos hoch und starren den Riesen vor ihnen entsetzt an.

Mit seinem Nackenschild,
den vielen Hörnern
und spitzen Stacheln
sieht der Styracosaurus
sehr gefährlich aus.
„Wer seid ihr denn?“, fragt er.
„Euch Winzlinge hab ich ja
noch nie hier gesehen.“

Aber bevor unter den erschrockenen Ajkaceratopsiern schon wieder Panik ausbrechen kann, fügt der Styracosaurus hinzu: „Ihr braucht keine Angst vor mir zu haben. Ich will euch nicht fressen. Ich mag auch nur Pflanzen.“

Die Mini-Dinos
starren ihr riesiges Gegenüber
ganz ungläubig an.
Dass es auch so große
Pflanzenfresser gibt,
haben sie nicht gewusst.

Alle anderen großen Dinosaurier waren bisher immer eine Gefahr für sie. Doch jetzt scheint es, als ob sie einen starken neuen Freund gewonnen haben. Das Leittier berichtet dem Styracosaurus von ihrer Suche nach einem neuen Futterplatz und den Abenteuern, die sie im Meer erlebt haben. Außerdem fragt es den großen Dino, ob sie nun hier bleiben können.

„Es scheint nämlich
eine gute Gegend
mit ausreichend Nahrung zu sein“,
erklärt das Leittier noch.

„Klar könnt ihr bleiben“, antwortet der Styracosaurus freundlich grummelnd. „Hier ist genug Platz und Futter für alle. Es gibt nur eines, wovor ihr euch in Acht nehmen müsst. Ab und zu treibt sich hier ein räuberischer Daspletosaurus herum, der ist noch einmal fast doppelt so lang wie ich. Aber er ist auch sehr schwerfällig und meistens zu ungeschickt, um einen von uns zu erwischen. Wenn ihr euch gut versteckt, ist das schon der beste Weg, nicht gefressen zu werden.“

Dann nimmt der
große Pflanzenfresser
die ganze Herde
kleiner Pflanzenfresser mit
und zeigt ihnen
die besten Futterplätze.

Eine neue Heimat gefunden und einen neuen Freund gewonnen – besser kann dieser aufregende Tag für die Ajkaceratopsier nicht enden. Und zusammen werden sie wohl auch mit einem dummen Daspletosaurus fertig!

# IM DINO-MUSEUM

„Alle da? Kann es losgehen?“ Frau Sievers, die Klassenlehrerin der 3 d, zählt noch einmal alle Schüler durch, bevor sie sich zusammen auf den Weg zu einem ganz besonderen Ausflug machen.

Im Unterricht haben sie
in den letzten Wochen
über Dinosaurier gesprochen
und in Büchern darüber gelesen.

Damit die Kinder sich besser vorstellen können, wie groß so ein Dino wirklich war, geht die Klasse heute ins Museum. Hier sind die Urzeit-Giganten als Modelle und teilweise auch aus echten Knochen in Lebensgröße aufgebaut. Draußen vor dem Eingang wird gerade eine neue Dino-Figur errichtet, dafür ist sogar ein Kran nötig.

„Voll krass“,
staunen die Jungs
und überlegen schon,
wie viel so ein Monstrum
wohl fressen musste.

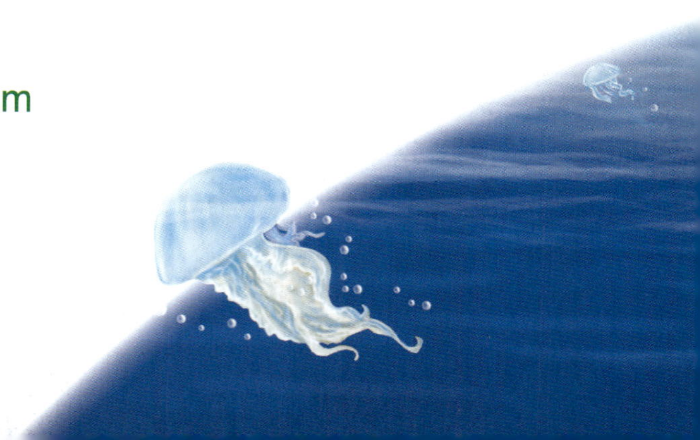

Drinnen geht es auf dem Rundgang durch die Urzeit gleich gruselig los. Ein fast dunkler Raum macht deutlich, wie wenig Licht in die Tiefen des Ozeans dringt. In der Mitte des Raumes ist nur das Modell eines riesigen Panzerfisches, eines frühen Vorfahren der Landsaurier, angestrahlt.

„Der Dunkleosteus lebte
vor etwa 380 bis 360 Millionen Jahren“,
erklärt Frau Sievers.
„Er konnte bis zu
zehn Meter lang
und über drei Tonnen
schwer werden.“

„Cool, der hatte bestimmt keine Feinde!“, ruft Jonas. Damit hat er recht – der Dunkleosteus war eines der gefährlichsten Raubtiere im Urmeer. Dabei hatte er noch nicht einmal richtige Zähne – dafür aber große, scharfe Zahnplatten. Wo die einmal zugeschnappt hatten, gab es kein Entrinnen mehr für andere Fische, Quallen oder Krebstiere.

In der nächsten Ausstellungshalle ist es zum Glück wieder schön hell – und ungewöhnlich warm. Das hat seinen Grund, wie Frau Sievers den Kindern erklärt. Dinosaurier haben ja Eier gelegt, aus denen ihr Nachwuchs schlüpfte, das haben sie in der Schule besprochen. Aber wie wurden die Eier ausgebrütet?

Die Kinder kichern
bei der Vorstellung,
dass sich ein
tonnenschwerer Dinosaurier
wochenlang auf ein Nest setzt
und Eier ausbrütet
wie ein Huhn.

Des Rätsels Lösung sind heiße Quellen im Boden, aus denen warmes Wasser aus dem Erdinneren nach oben steigt. In deren Nähe ist auch die Umgebung angenehm warm. So brauchten die Dinos nur eine Mulde in die Erde graben und ihre Eier hineinlegen. Die Wärme erledigte bis zum Schlüpfen der Mini-Dinos den Rest.

Staunend betrachtet die Klasse das Bild eines vier Meter langen Gigantspinosaurus an der Wand und sein Skelett im Ausstellungsraum. Ganz schön clever, so eine Riesenechse, wenn es ums Überleben geht!

Nicht ganz so toll
finden die Kinder allerdings
den ekligen Geruch,
den die heißen Quellen
manchmal haben –
sie stinken nämlich
sehr nach Schwefel.
Das riecht wie faule Eier.

An einer Experimentierstation kann jeder, der mag, einmal schnuppern. Klassenclown Felix verdreht dramatisch die Augen, als ihm der Geruch in die Nase steigt.
„Das riecht ja wie ein Dino-Pups!“, quietscht er.
Großes Gelächter ist ihm sicher. Dafür herrscht dann gleich wieder andächtiges Staunen, als sich alle nacheinander neben einem einzeln ausgestellten Rückenstachel des Gigantspinosaurus aufstellen. Der ist fast genauso groß wie ein Kind.

Einige Mädchen aus der Klasse sind schon vorgelaufen zum nächsten Raum.
„Wie niedlich!“ – „Ist der süüüß!“, ertönen ihre Rufe. Die Jungen verdrehen nur genervt die Augen. Was soll denn an coolen, räuberischen Dinosauriern bitte schön niedlich sein? Das sind doch keine Stofftiere zum Knuddeln!

Grund für die Rufe ist ein Hypselosaurus, ein Pflanzenfresser, der etwa acht Meter lang war. Der war sicher kein Räuber, sondern eher die Beute.

„Und niedlich sieht die Nachbildung der Echse auch nicht aus“, findet Tom. „Eher ein bisschen gefährlich, wie ein übergroßes Krokodil.“
Beruhigend zu wissen, dass Hypselosaurier wirklich nur Grünzeug gefressen haben. Aber warum steht so ein eher langweiliger Dino im Museum? Die Jungs würden lieber endlich einen T-Rex sehen.

Allerdings ist der Hypselosaurus ein Rekordhalter unter den Urzeit-Giganten: Eines seiner Eier ist das größte Dino-Ei, das man jemals als Versteinerung gefunden hat. Es ist beinahe so groß wie ein Fußball.

„Wie viele Hühnereier
passen denn da rein?“,
will Felix wissen.
„Da konnte man ja
einen Riesen-Pfannkuchen
draus backen.“

Hmmm, auf den hätten jetzt alle Lust. Frau Sievers erklärt, dass ungefähr der Inhalt von 40 Hühnereiern in ein Hypselosaurus-Ei gepasst hätte.

„Iiih, so viel Glibberzeug!“,
quiekt Katharina angeekelt.
Auf einmal ist
der Hypselosaurier
doch nicht mehr
ganz so niedlich.
Und Pfannkuchen
wollen die Kinder
nun auch nicht mehr.

Wie gut, dass das Museum noch viel mehr zu bieten hat! „Kommt, Kinder, jetzt gehen wir zu den Raubsauriern!“, ruft Frau Sievers.

Das ist jetzt genau das Richtige für die Dino-Experten in der Klasse. Neugierig umrunden sie das Skelett eines Eotyrannus. Der war ein früher Vorfahr des berüchtigten Tyrannosaurus Rex und nicht weniger gefährlich für seine Beutetiere. Besonders seine langen Arme mit den drei spitzen Krallen beflügeln die Fantasie der Jungs.

„Ha – ich bin ein Eotyrannus
und fresse dich gleich“,
brüllt Felix
aus heiterem Himmel
und springt plötzlich
seinen besten Freund Tom
von hinten an.

Der erschrickt ganz furchtbar und schüttelt Felix mit einer heftigen Bewegung ab. „Was soll das, du Spinner? Hast du sie noch alle?“ „Felix, Tom, lasst das und hört mir bitte zu!“, ermahnt Frau Sievers sie. Dann fährt sie fort: „Hier sehen wir noch einen ganz kleinen Raubsaurier, einen Aviatyrannis. Der war nur einen Meter lang und zwei Kilo schwer!“

Doch das lenkt die wilden Dino-Kämpfer nicht ab, sie finden nur die neue Spielidee prima. Da der Aviatyrannis auf dem Bild aussieht wie ein Vogel, beginnen sie jetzt auch noch mit den Armen zu rudern, als wären es Flügel. Ein paar Klassenkameraden steigen sofort in das Spiel mit ein und brüllen dazu laut wie ein Dino.

Bevor Frau Sievers
in die Rauferei
eingreifen kann,
ist es auch schon passiert.
Felix ist gestolpert
und gegen das Skelett
des Eotyrannus gestoßen.

Das beginnt heftig zu wackeln, dass die Knochen nur so klappern. Außerdem geht mit lautem Geheul die Alarmanlage los. Von einer Sekunde auf die andere sind die Jungs mucksmäuschenstill und rühren sich nicht vom Fleck. Da eilen auch schon ein Wachmann und der Museumsdirektor herbei. „Was ist hier los?“, fragt er streng.

Zum Glück ist
das Skelett nicht umgekippt
und auch kein Knochen
hat sich verschoben.
Kleinlaut geben die Jungs
die Rauferei zu
und entschuldigen sich.
Statt einer Strafe
hat der Museumsdirektor
eine bessere Idee.

Er führt die Klasse in die Museumswerkstatt, wo Wissenschaftler gerade ein neues Ausstellungsstück vorbereiten. Der neue Dino wird nicht nur ein Skelett, sondern sogar eine bewegliche Figur. Auch wenn ein Dilophosaurus nur gut einen Meter groß war, sieht er mit seinen Stirnlappen und den spitzen Zähnen ganz schön bedrohlich aus. Er soll die Museumsbesucher mit leuchtend roten Augen und Gebrüll empfangen.
Die Kinder sind begeistert und wollen dann gerne noch mal wiederkommen. Natürlich geben sie dann auch besser Acht. Jetzt wissen sie ja, wie viel Arbeit hinter den Ausstellungsstücken steckt.

Trotzdem kann Felix es nicht lassen, beim Hinausgehen Tom noch einmal mit seinen zu Krallen geformten Fingern im Nacken zu packen. Aber noch bevor der etwas sagen kann, ertönt von hinten die Stimme von Frau Sievers:

„Ach, Felix,
mir fällt gerade wieder ein,
dass du doch unbedingt
ein ausführliches Referat
über unseren Ausflug
vortragen wolltest, oder?
Prima, dann ist diese Aufgabe
ja jetzt vergeben.
Bis Montag dann."

Ups – so ein großer Dino-Mist! Aber Felix lässt sich die Laune nicht verderben – er weiß ja jetzt genug über die Riesenechsen. Da bleibt sicher noch Zeit, mit Tom Dino-Forscher zu spielen. „T-Rex beobachtet dich …", flüstert er seinem Freund noch leise zu. Und diesmal hat Frau Sievers es nicht mitbekommen!

# SCHWIERIGER START

Die Allosaurus-Mama freut sich – endlich schlüpfen aus ihren Eiern die kleinen Dinos. Fröhlich begrüßt sie ihren ersten Nachwuchs, der es sich in dem kuscheligen Nest gemütlich macht, bis seine Geschwister auch ihre Eier aufgebrochen haben.

Neugierig schaut sich
der kleine Allosaurus um.
Schön warm
ist es hier,
das hat er schon
im Ei gemerkt.
Aber es ist auch
sehr viel heller –
er muss ständig
mit den kleinen Augen blinzeln.

„Das Licht kommt von oben", lacht die Allosaurus-Mama grollend. „Es wärmt und hilft uns, besser zu sehen. Es verschwindet aber auch regelmäßig wieder, dann ist es dunkel und kalt. Ist aber nicht so schlimm – in der Zeit schlafen wir einfach."
„Was ist schlafen?", piepst der Baby-Dino.
„Ausruhen – das lernst du schon noch", erklärt seine Mama.

Aber jetzt will der Kleine erst mal etwas erleben – dafür ist er doch schließlich aus dem engen Ei geschlüpft. Hier ist ja endlich genug Platz. Außerhalb des Nestes sieht alles spannend aus und keine harte Schale stört die Bewegungen.

Mama schaut gerade
nach den anderen Eiern.
Das ist die Gelegenheit!
Der kleine Allosaurus
hüpft aus dem Nest.

Hmm, wohin jetzt? Da drüben wächst etwas aus dem Boden – das sieht interessant aus und hat eine schöne Farbe. Ob man die ausgebreiteten, faserigen Fetzen wohl essen kann? Mutig knabbert der kleine Allosaurus den Farn vor ihm an, spuckt das Grünzeug aber gleich wieder aus. Bäääh! Hoffentlich schmeckt nicht alles, was er mal fressen soll, so eklig. Da war ja der Inhalt vom Dino-Ei noch besser, den er bis zum Schlüpfen gegessen hat.

Mama Allosaurus hat immer noch nicht gemerkt, dass ihr Erstgeschlüpftes fehlt. Das vorwitzige Dino-Baby nutzt die Gelegenheit, sich noch weiter vom Nest zu entfernen. Leider kann es seine Umgebung noch nicht so gut erkennen und erschrickt fürchterlich, als es mit seinen kleinen Trampelfüßen in etwas Weiches tritt und der Boden unter ihm nachgibt.

Fast versinkt der Allosaurus
in der unbekannten Masse.
Und wie das riecht –
wenn er könnte,
würde er sich am liebsten
die Schnauze zuhalten.

Der kleine Allosaurus ist am Rand eines riesigen Haufens Dino-Mist gelandet. Nur mit Mühe kann er sich daraus hervorkämpfen und wieder festen Boden unter den Füßen bekommen. Aber das nächste Hindernis steht schon im Weg. Noch ganz durcheinander läuft der Mini-Dino vor eine Wand.

Verwirrt schüttelt er
den Kopf
und dreht sich
in eine andere Richtung.

Aber schon nach
wenigen Schritten
ist auch hier
eine graue Mauer
das Ende des Weges.

Egal, wohin sich der kleine Allosaurus bewegt, das Hindernis weicht nicht. Da ertönt von weit oben eine grollende Stimme und eine der Mauern hebt sich plötzlich vom Boden: „He, du da unten, lass das, du kitzelst mich an den Füßen!“
Ein riesiger Kopf senkt sich langsam nach unten. Vor Schreck macht sich der Allosaurus noch kleiner, als er ohnehin schon ist. „Ach, du bist ja noch ein Baby“, klingt die Stimme nun etwas sanfter.

Der kleine Allosaurus
ist auf seinem Streifzug
gegen die Beine
eines gigantischen Diplodocus
gestoßen.

Der 35-Meter-Riese gluckst beim Anblick des winzigen Saurierbabys vergnügt.

„Du bist ja putzig. Was machst du überhaupt so alleine hier draußen? Hast du keine Mama, die sich um dich kümmert? Es ist ganz schön gefährlich für so einen kleinen Dino in diesem großen Wald.“

Mama – die hat der Kleine
in der Aufregung
ganz vergessen.
Wo ist bloß
das sichere Nest geblieben?
So weit ist er ja
gar nicht gelaufen.
Oder doch?

Zum Glück ist der Diplodocus ein Pflanzenfresser und hat keinen Hunger auf zarte Dino-Babys. Ganz anders als der gefleckte Ornitholestes, der sich gerade gut getarnt im Gebüsch heranschleicht. In seinem Maul trägt er noch die Reste seiner letzten Beute. Das hindert ihn aber nicht daran, gleich wieder Jagd auf den nächsten kleinen Dino zu machen. Hunger hat er schließlich immer! Da kommt ihm so ein Mini-Allosaurus gerade recht. Schnell schlingt der kleine Räuber sein Fressen hinunter.

Dann stürzt er mit einem gewaltigen Satz aus dem Gebüsch. Aber auch er hat den riesigen Diplodocus nicht erkannt, sondern die Beine für Felsen gehalten. Eigentlich wollte er elegant daran vorbeispringen, aber der Diplodocus zuckt nur einmal kurz mit dem Fuß, schon prallt der Ornitholestes in vollem Lauf dagegen.

Benommen bleibt er auf dem Boden liegen. So hatte er sich das mit der Jagd nicht vorgestellt. Mit großen Augen hat der kleine Allosaurus alles beobachtet.

Eigentlich wäre er jetzt doch lieber in seiner dicken Eierschale oder wenigstens im Nest bei seiner Mama. Oh nein, der Ornitholestes bewegt sich und richtet sich stöhnend auf. Zitternd kriecht der kleine Allosaurus hinter den Fuß des Diplodocus.

Aber sein großer Freund steht ihm noch einmal bei. Der Diplodocus muss nur einmal kurz aufstampfen – natürlich mit einem anderen Fuß als dem, hinter dem sich das Allosaurus-Baby versteckt – und ein dumpfes Knurren hören lassen. Das reicht dem verängstigten Ornitholestes, der sich schnell ins Unterholz verzieht.

„So, und du, Kleiner,
läufst jetzt zurück
zu deinem Nest
und deiner Mama“,
sagt der Diplodocus
und stupst den Kleinen
erstaunlich sanft
mit der Schnauze
in die richtige Richtung.

„Lauf einfach geradeaus – von hier oben kann ich euer Nest sogar schon sehen, es ist nicht weit.“
„Danke“, piepst der Baby-Dino noch. Dann rennt er los, so schnell er kann. Das waren eindeutig genug Abenteuer für den ersten Tag im Leben.

Als er außer Atem am Nest ankommt, sind weitere Geschwister geschlüpft. Mama hatte deshalb immer noch nicht bemerkt, dass ihr erstes Baby eigene Wege gegangen ist.

Aber jetzt hat sie Zeit,
ihrem Nachwuchs
spannende Geschichten
zu erzählen.
Sie erklärt ihnen alles
über das Dino-Leben
und berichtet
von merkwürdigen Artgenossen.

Es soll sogar Dinos geben, die im Meer leben, einem unendlichen Tal voller Wasser. „Die heißen Plesiosaurier“, weiß Mama. Ob sie so einen wohl auch mal zu Gesicht bekommen? Aber jetzt, wo es dunkel wird, kommt erst mal die Sache mit dem Schlafen. Aha, so geht das also! Augen zu, Füße und Schwanz ausstrecken – fühlt sich gut an. Und schon sind die kleinen Dinos eingeschlafen. Der Start ins Leben ist doch anstrengender, als man denkt, selbst für Dinos, die mal große Räuber werden sollen …

# (K)EIN MITTAGSSCHLAF

Der große Iguanodon ist müde, sehr müde. Den ganzen Morgen hat er damit verbracht, saftige Farne und Baumrinde im Urwald zu fressen. Bei einer Länge von acht Metern und einem Gewicht von fast fünf Tonnen muss man schon eine Menge Pflanzen finden, bis man satt ist.

Jetzt ist
der sanfte Riese
ganz langsam
ans Flussufer gestapft,
wo er sich
im weichen Sand
ein bisschen ausruhen will.

Gähnend plumpst er zu Boden, wobei die Erde in seinem Umkreis so sehr wackelt, dass auch einige Bäume ins Schwanken geraten. Das Wasser im Fluss schlägt leichte Wellen, als hätte man einen großen Stein hineingeworfen. Dabei hat der Iguanodon nur seine Schwanzspitze eingetaucht. Jetzt stellt er fest, dass das Wasser ihn in der Mittagshitze schön kühlt, und rutscht noch ein wenig tiefer hinein. Zufrieden schließt er gerade die Augen, als ihn ein lauter Schrei aufschreckt.

„Hey, du Ungetüm, du behinderst mein Flugtraining, wenn du die Bäume so wackeln lässt. Wie soll man denn da richtig einen Start üben?! Da wird mir ja übel, wenn mein Ast so schwankt.“

Ganz verstört
hebt der Iguanodon
seinen Kopf.
Das Geschrei
kam von oben.

Er hat einen Microraptor in Unruhe versetzt. Der Mini-Räuber übt gerade mit seinen breiten Schwingen einen Gleitflug von Baum zu Baum. Da er nur einen halben Meter lang und ganz leicht ist, klappt das schon ganz gut – wenn einen nicht gerade eine tonnenschwere Riesenechse dabei stört.

„Entschuldigung“,
murmelt der Iguanodon.
„Jetzt bleibe ich aber
ganz ruhig liegen.
Versprochen!“

Doch der Microraptor ist auf der Jagd nach Insekten schon lärmend weitergezogen.

Aah – endlich herrscht
Ruhe im Wald!
Dem Iguanodon
fallen schon wieder
die Augen zu.
Er träumt friedlich
von saftigen Palmfarnen
und Bäumen mit
zarten, jungen Ästen –
lecker …

Er schnarcht sogar ein wenig im Schlaf. Das klingt allerdings für seine Mitbewohner im Urwald eher wie ein Erdbeben. Leider ist das friedliche Schläfchen für den Iguanodon nur von kurzer Dauer. Schon wieder wird direkt in seiner Nähe wütend gekreischt und herumgetrampelt. Verärgert hebt der mächtige Pflanzenfresser seinen Kopf.

„Was ist denn
jetzt schon wieder los?!
Kann man denn
hier wirklich nirgendwo
in Ruhe schlafen?“

Eine wilde Jagd ist am Waldrand im Gange. Der Iguanondon erkennt zwei gefiederte kleine Räuber, die noch nicht einmal so groß sind wie ein Bein von ihm, dafür aber sehr schnell und wendig.

Ein gestreifter Sinosauropteryx jagt zusammen mit seinem Artgenossen ein kleines Säugetier, das Zhangheotherium. Geschickt treiben sie es in die Enge, schneiden ihm immer wieder den Weg ab. Schon kommen ihre Krallenfüße und -hände dem kleinen Tierchen gefährlich nahe. Da rettet es sich durch einen waghalsigen Sprung ins dichte Gebüsch und kann im letzten Moment entkommen.

Wütend kreischen
die beiden Räuber auf –
in diesem Dickicht
haben sie keine Chance.
Einer der beiden
ist auch noch
auf einen spitzen Stein
auf dem Boden getreten.

Er hat sich die Fußsohle verletzt und kann kaum noch laufen. Diese Jagd ist wohl beendet. Die Räuber verschwinden im Wald. Wie gerne würde der Iguanodon jetzt endlich seinen Mittagsschlaf fortsetzen! Er ist immer noch sooo müde.

Das ändert sich im nächsten Moment, als ein Schatten über seinen Kopf fällt. Aus dem Augenwinkel erkennt der Iguanodon einen räuberischen Raptorex. Er scheint schon etwas älter zu sein, vielleicht sieht und hört er nicht mehr so gut – sonst hätte er sich nicht so nah an den mehr als doppelt so großen Pflanzenfresser herangewagt. Offenbar hat er den schlafenden Iguanodon für tot und somit für eine leichte Beute gehalten. Und das, obwohl der Iguanodon so laut geschnarcht hat.

Pech für den Raptorex –
der Iguanodon
ist quicklebendig
und bei Gefahr
erstaunlich schnell
auf den Beinen.

Drohend baut sich die riesige Echse zu ihrer vollen Größe vor dem unvorsichtigen Angreifer auf. Der Raptorex erschrickt zwar gehörig, aber so leicht will er noch nicht aufgeben.

Mit einem Gebrüll, das vielleicht auf kleinere Beutetiere Eindruck macht, läuft er vorwärts auf den Iguanodon zu. Aber der ist gut vorbereitet: An seinen Vorderfüßen befinden sich zwei messerscharfe Riesenkrallen, die er jetzt dem Raptorex entgegenstreckt. Erst im letzten Moment kann der Angreifer abbremsen und einer tödlichen Verletzung entgehen.

Was er aber
nicht verhindern kann,
ist, dass er
im weichen Sand
am Flussufer ausrutscht
und zu Boden geht.
Dabei faucht er ärgerlich.

Aber der Iguanodon hat noch mehr Körperteile zu seiner Verteidigung, nämlich seinen starken, langen Schwanz.
„Verschwinde, du kleines Mistvieh!“, grollt er wütend, holt mit dem Schwanz aus und versetzt dem Raptorex einen solchen Schlag, dass er bis an den Waldrand fliegt. Der wird so bald keinen Iguanodon mehr angreifen …

Tja, das wird wohl heute nichts mehr werden mit einem Mittagsschlaf. Jetzt ist der Iguanodon auch viel zu aufgeregt von den ganzen Ereignissen. Dann doch lieber noch ein bisschen grasen. Da gibt es doch diese schöne Lichtung im Wald, wo besonders leckerer Farn und sogar ein paar Bäume mit schmackhaften Nadeln wachsen.

Stampfend macht er sich
auf den Weg dorthin.
Dabei begegnet ihm
noch einmal der Microraptor.
Er übt immer noch
den Gleitflug.

„Du schon wieder!“, beschwert sich der Mini-Dino wie vorhin, als die riesige Echse vorbeikommt und die Bäume wieder wackeln. „Zum Glück kann ich fliegen und muss nicht auf dem Boden leben – du würdest unsereinen glatt zertrampeln da unten. So eine Rücksichtslosigkeit!“ Schimpfend verschwindet er zum nächsten Baum.

Der Iguanodon versucht tatsächlich, ein bisschen leichter aufzutreten, aber bei seinem Gewicht ist das ungefähr so, als würde heutzutage ein Elefant versuchen, Ballett zu tanzen – es funktioniert nicht ganz …
Endlich erreicht er die gesuchte Lichtung! Aber er muss feststellen, dass er nicht alleine hier ist.

Ein Wesen, das er noch nie gesehen hat, steht im niedrigen Gestrüpp vor einem Baum. Vorsichtshalber richtet sich der Iguanodon auf die Hinterbeine auf.

Der unbekannte Besucher ist etwa halb so groß wie er und viel leichter, aber der Angriff des ebenfalls kleinen Raptorex hat den Iguanodon vorsichtig gemacht. Wissenschaftler werden den „neuen" Dino viele Millionen Jahre später Beipiaosaurus nennen – und herausfinden, dass er ein Pflanzenfresser war.

Das erklärt der jetzt auch dem Iguanodon, der sich ihm abwehrbereit nähert. Die großen Krallen machen dem kleineren Beipiaosaurus ganz schön Angst.

„Hey, falls du ein Fleischfresser bist – ich schmecke bestimmt ganz scheußlich! Und falls nicht – reg dich ab, ich mag jedenfalls keine Fleischberge! Mir schmecken nur Farne und Moose", ruft der Beipiaosaurus, so laut er kann.

Sofort senkt sich der Iguanodon wieder zurück auf alle vier Füße und kommt langsam näher.

Neugierig betrachtet er den unbekannten Dino. „Ich mag auch nur Pflanzen", brummt er freundlich. „Und ich hasse lästige Raubsaurier! Zum Glück kommt mir selten einer zu nahe. Wenn du willst, beschütze ich dich auch."

Dieses Angebot nimmt der Beipiaosaurus gerne an. Starke Freunde kann man schließlich nie genug haben.

Das findet auch der Psittacosaurus, der jetzt aus dem Wald schlurft. Er kennt den Iguanodon gut, der ihm schon manches Mal das Leben gerettet hat. Mit seinem Hornschnabel kann er besonders gut Rinde von den Bäumen schälen. Die teilt er gerne mit seinen Freunden. Friedlich fressend verbringen die drei so den Nachmittag. Zum Glück stört sie heute kein Raubsaurier mehr.

Langsam wird es dunkel.
„Nun ist es aber wirklich
Zeit zum Schlafen“,
erklärt der Iguanodon.
Er muss Kraft schöpfen
für den nächsten Tag.

Schließlich muss dann auch wieder eine Menge Futter gesucht werden für einen Koloss von acht Metern Länge und einem Gewicht von fast fünf Tonnen. Hoffentlich klappt es morgen mit einem Mittagsschlaf – sonst wird das echt zu anstrengend …

# ALLES NUR GETRÄUMT?

„Bsss, bsss!“ Etwas summt ganz in Florians Nähe und nervt ihn gewaltig. Wütend schlägt er mit der Hand nach dem Geräusch, aber statt sich zu entfernen, kommt das Summen immer näher. „Blöde Stechmücken“, denkt er. Außerdem ist ihm viel zu heiß. Wer soll denn bei solchen tropischen Temperaturen schlafen können?

Moment mal –
das ist ja
gar keine Stechmücke,
die da auf ihn zufliegt,
sondern eine Wespe.
Eine riesige Wespe,
wenn man es
ganz genau nimmt.

So eine große hat Florian noch nie gesehen, ebenso wenig wie die Landschaft um ihn herum. Sollte er nicht eigentlich im Bett liegen und schlafen? Wie ist er hierhergekommen? Schwüle Hitze und ein tropischer Regenwald umgeben ihn. Aber bevor der Junge weiter darüber nachdenken kann, hört er hinter sich eilige, dumpfe Schritte.

Als er sich umschaut, traut Florian seinen Augen nicht. Wenige Meter von ihm entfernt rennt ein Australovenator wintonensis vorbei – einer der größten Raubsaurier Australiens. Florian hat mal ein Bild von ihm in einem Buch gesehen. Dinosaurier sind nämlich sein Hobby, er kennt selbst die seltensten Arten. Wie oft hat er sich schon gewünscht, einmal einen echten Dino zu sehen, obwohl er natürlich weiß, dass sie seit Millionen Jahren ausgestorben sind!

Aber wieder bleibt keine Zeit zum Überlegen, wieso ihm plötzlich ein lebender Dino begegnet. Denn der riesige Räuber hat offenbar aus Versehen ein Wespennest zerstört.

Um nicht von den angriffslustigen Insekten schmerzhaft gestochen zu werden, rennt er stampfend davon. Florian scheint zum Glück im dichten Unterholz gut versteckt zu sein.

Nachdem die Wespen verschwunden sind, um ein neues Nest zu bauen, wagt er sich vorsichtig hervor. Oh Mann, das ist ja nicht zu fassen: Ein kompletter Dschungel umgibt ihn! Überall hört er kreischende Geräusche, dumpfes Stampfen und das Rauschen von Wasser. Seine Neugier ist schließlich größer als seine Angst, jetzt will er doch mal herausfinden, wo er gelandet ist. Das „Wie“ ist ihm bereits egal – echte Dinosaurier, wer bekommt schon so eine Chance?

Ein neues Geräusch
ist zum Dschungelkonzert
dazugekommen:
Tak, tak – immer wieder,
als würde jemand
Holzschalen aneinanderschlagen.

Auf einer Lichtung im Urwald findet Florian die Ursache der merkwürdigen Töne und hält die Luft an. Zwei ausgewachsene Dracorex-hogwartsia-Männchen kämpfen miteinander, um ihr Revier zu sichern.

Immer wieder setzen sie ihre Schädel, die zahlreiche Stacheln und Hörner haben, als Rammbock ein. Gegen die Stirn des anderen, gegen den Bauch, die Gliedmaßen … Tak, tak – bis schließlich einer der beiden erschöpft aufgibt und flieht. Dem anderen ist jetzt ein riesiges Revier sicher und außerdem die Gunst der Dracorex-Weibchen, wie Florian aus seinen Büchern weiß.
Was er noch weiß, ist, dass Dracorex hogwartsia in Nordamerika lebte und nicht in Australien. Und trotzdem ist ihm vorhin ein Australovenator begegnet – sehr merkwürdig!

Aber wieder bleibt
keine Zeit zum Nachdenken,
weil markerschütterndes Gebrüll
nicht nur den Dracorex hogwartsia,
sondern die gesamte Umgebung
erzittern lässt.
Auch Florian bekommt
einen gewaltigen Schreck.
Mit Recht …

… Denn kein Geringerer
als ein Tyrannosaurus Rex
steckt jetzt
seinen gigantischen Kopf
durch die Bäume
am Rand der Lichtung.

Sein weit aufgerissenes Maul, aus dem nicht nur Gebrüll, sondern auch der scheußlichste Geruch kommt, den Florian jemals wahrgenommen hat, lässt keinen Zweifel zu:

Der T-Rex hat Hunger –
viel Hunger.
Und da wird er
zwischen einem Menschenjungen
und einem kleinen Dracorex
keinen Unterschied machen.

Florian rennt los, so schnell er kann, schiebt mit ungeahnten Kräften Äste und Zweige beiseite, springt über Erdspalten und weicht tief hängenden Schlingpflanzen geschickt aus. Wieso klappt das jetzt und nicht im Sportunterricht? Egal, Hauptsache, er lässt den T-Rex hinter sich! Zum Glück ist dessen Gebrüll schon fast nicht mehr zu hören.

Florian will gerade erleichtert aufatmen und eine Verschnaufpause machen. Aber sie ist ihm nicht gegönnt. Direkt gegenüber bricht ein furchterregender Carnotaurus aus dem Gebüsch, den der Junge wohl bei einem Nickerchen gestört hat. Seinen Namen haben ihm Dino-Forscher gegeben, weil er mit den beiden Hörnern über der Stirn einem Stier ähnelt, der auf Lateinisch „taurus" heißt.

Wobei ein wilder Stier
Florian jetzt gerade
fast lieber wäre
als ein acht Meter hoher
Raubsaurier aus Argentinien.
Was hat der überhaupt
hier verloren?

Eben war er hier doch noch in Nordamerika, das ist nämlich die Heimat von T-Rex und Dracorex. Es hilft alles nichts – wenn Florian nicht als Dino-Häppchen enden will, muss er schleunigst von hier weg. Also wieder rennen, weiter, immer weiter durch den dichten Wald.

Aber diesmal lässt sich der hungrige Räuber nicht so schnell abschütteln. Im Gegenteil, er kommt Florian immer näher, der jetzt auch noch eine weite Ebene ohne Versteckmöglichkeiten erreicht. Zwar kann er schneller laufen, als er jemals von sich gedacht hätte, aber gegen die dumpfen Schritte einer wild gewordenen Riesenechse ist das immer noch zu langsam.

Florian schaut sich
immer wieder um,
während er weiterflitzt,
und dabei passiert es:
Als er wieder
nach vorne guckt,
sieht er nur noch
die Kante eines Abgrunds.

Fürs Abbremsen ist es zu spät, der nächste Schritt kommt schneller, als Florian denken kann. Für einen Moment scheint die Welt stillzustehen, dann fällt er in die Tiefe – während oben ein brüllender Carnotaurus zurückbleibt, der sich über die entgangene Beute ärgert.

Obwohl er wie ein Stein nach unten saust, hat Florian keine Angst. Den Boden kann er noch nicht sehen, wohl aber den Schatten, der plötzlich über ihm ist. Dann ein Luftzug und auf einmal fühlt er etwas Festes unter sich, was ihn in die Lüfte trägt. Es ist der Flugsaurier Dimorphodon, der zwar nur etwa genauso groß wie Florian ist, aber erstaunlich stark.

Sicher trägt er ihn wieder nach oben und setzt ihn am Waldrand ab. Als Pflanzenfresser ist er zum Glück keine Gefahr für Florian.

Von dem Flug ist es Florian noch ganz schwindelig, alles um ihn herum dreht sich immer schneller. Dann verschwindet der Urwald, Florian reißt erschrocken die Augen auf – und sitzt in seinem Bett.

„Guten Morgen“, ruft Mama. „Haben dich die Mücken sehr gestört?“

„Nö, die nicht“, grinst Florian. Wer gerade ein paar Urzeit-Räubern entkommen ist, wird wohl auch mit ein paar Mücken fertig werden …

# EIN SCHLECHTER TAG FÜR T-REX

Es schüttet wie aus Kübeln an diesem Morgen vor 66 Millionen Jahren, als der Tyrannosaurus Rex im Urwald erwacht. Missmutig schüttelt sich der riesige Dinosaurier, denn er fühlt sich gar nicht gut. Seit Tagen hat er keine Beute gemacht, und jetzt ist sein Hunger so groß, dass er es fast nicht mehr aushält. Er muss aufpassen, dass er nicht noch schwächer wird, sonst wird er selbst zur leichten Beute für seine Artgenossen und andere Raubsaurier.

Mit schweren, stampfenden Schritten geht der T-Rex los auf Beutejagd. Der Boden im Wald bebt unter seinen gewaltigen Krallenfüßen.

An einem Fluss macht er Halt. Zum Glück hat wenigstens der Regen aufgehört. Die Sonne wärmt den großen Dinosaurier auf. Da fühlt er sich gleich ein wenig besser.

Normalerweise ist hier ein guter Platz zum Jagen, aber heute war wohl wieder mal das Riesenkrokodil schneller – weit und breit ist keine Beute zu sehen.

Durch sein lautes Stampfen
hat der T-Rex
alle anderen Dinosaurier
schon gewarnt.
Und jetzt brüllt er auch noch
seine Wut laut hinaus.
Ob ihm das wirklich
nützlich sein kann?

Mit dem schönen, warmen Sonnenschein ist es auch schon wieder vorbei. Plötzlich türmen sich dicke, graue Wolken am Himmel und ein unheilvolles Grollen ist zu hören. Was ist denn heute nur los? Sicher ist nur eines – der T-Rex braucht dringend etwas zu fressen. Viel und schnell!

Nicht nur der Bauch,
auch das Maul
tut ihm mittlerweile weh.
Durch seine Schwäche
ist es von Parasiten befallen.

Da spürt der riesige Dinosaurier plötzlich über sich einen Luftzug und reckt seinen Hals. Das war nicht nur der Wind, sondern der Flugsaurier Quetzalcoatlus. Der T-Rex richtet sich zur vollen Größe auf und reißt sein Maul mit den messerscharfen Zähnen weit auf – vergeblich!

Mit zwei kräftigen Flügelschlägen
bringt sich der Flugsaurier
in Sicherheit.
Ein mächtiger Donnerschlag folgt,
als würde der Himmel
den T-Rex auslachen.

Mehrere Blitze blenden ihn, bevor er wütend weiter am Fluss entlangläuft. Vielleicht sollte er sein Glück mal auf der weiten Steppe vor dem Wald versuchen, da entkommt ihm so schnell keine Beute. Aber noch bevor er sein Ziel erreicht hat, ertönt nicht nur vom Himmel her lautes Grollen, sondern auch von der Erde aus.

Erstaunt bleibt der T-Rex stehen – so etwas hat er noch nie erlebt. Der Boden bebt nicht, weil der tonnenschwere Dino darüberläuft, sondern von ganz alleine. Direkt vor dem T-Rex reißt plötzlich eine Erdspalte auf, in die er fast hineinstolpert. Das wäre sein sicheres Ende gewesen! Mit einem gewaltigen Satz springt er hinüber und läuft auf der anderen Seite weiter in die Steppe hinein.

Auch viele der anderen Dinos
hat die bebende Erde
ganz schön aufgeschreckt.
Sie flüchten von der Steppe
in den Wald.
Leider rennen sie
viel zu schnell,
als dass der T-Rex
sie schnappen könnte.

Nur einen kleinen Dracorex hogwartsia, einen Dickkopfsaurier, kann er mit seinen starken Armen erwischen. Wenigstens etwas! Aber jetzt will er doch wissen, was da draußen in der Steppe los ist.

Das Grollen wird immer lauter, das Erdbeben immer stärker. Der T-Rex reißt die Augen auf: Der Berg, den er jeden Tag am Horizont in der Steppe gesehen hat, hat keine weiße Spitze mehr. Stattdessen spuckt er auf einmal Feuer und Rauch.

**Da wird sogar einem T-Rex mulmig. Zum Glück ist er weit genug weg, sodass er die Hitze des heißen Feuers nicht so schlimm spürt.**

Aber er ist immer noch nah genug dran, um beinahe einen herausgeschleuderten, glühenden Gesteinsbrocken an den Kopf zu bekommen. Auweia, das wäre fast schiefgegangen! Jetzt hat er schon zum zweiten Mal großes Glück gehabt. Erst die Erdspalte und jetzt der Felsbrocken. Besser, er zieht sich auch in den Wald zurück wie die anderen Dinosaurier. Dann findet er vielleicht auch dort noch etwas zu fressen.

Im Wald ist es so finster wie in der Nacht. Der Rauch aus dem Vulkan und die Gewitterwolken haben den Himmel verdunkelt, sodass das Sonnenlicht nicht mehr durchkommt. Außerdem ist es bis auf das schwächer werdende Grollen des Vulkans ganz still – kein Dinosaurier gibt einen Laut von sich, alle sind sehr erschrocken und halten sich versteckt.

Keine guten Voraussetzungen
für einen hungrigen
Tyrannosaurus Rex.
Der kleine Dracorex
war doch nur eine Vorspeise
für einen Saurier,
der normalerweise
mit einem Biss
25 Kilo Fleisch
auf einmal fressen kann.

Der T-Rex beobachtet seine Umgebung ganz genau. Nicht die kleinste Bewegung im Wald soll ihm heute entgehen. Er braucht Beute – unbedingt! Sonst wird morgen ein noch schlechterer Tag, und das will er auf keinen Fall.

Während der Saurier unruhig und missmutig durch den Wald stapft, beruhigt sich der Vulkan allmählich. Das Grollen verstummt, Wind kommt auf und vertreibt die Rauchwolken, sodass es wieder ein wenig heller wird. Deshalb erkennt der hungrige T-Rex auch gleich das kleine Rudel Dromaeosauriden, das sich auf einer Lichtung versammelt hat. Den gefiederten, wendigen Mini-Raubsauriern ist es tatsächlich gelungen, gemeinsam einen Ankylosaurus zu erledigen.

Das ist natürlich
eine nette Einladung
für einen gar nicht netten
Tyrannosaurus Rex.
So braucht er
die Jagdarbeit
nicht selbst zu machen.
Sollte heute doch noch
ein Glückstag werden?

Ein lautes Gebrüll und ein paar donnernde Schritte genügen, um die Dromaeosauriden unter Protestgeschrei von ihrer Beute zu vertreiben. Bevor sie selbst gefressen werden, geben sie lieber nach.

Zufrieden macht sich der Tyrannosaurus Rex über das Beutetier her. Immerhin ist ein Ankylosaurus ungefähr halb so groß wie er. Da wird er endlich mal wieder ein paar Tage lang satt sein und zu Kräften kommen. Sein Maul tut ihm zum Glück auch schon viel weniger weh.

**Das wäre ja
noch schöner,
wenn der König der Dinosaurier
eine Schwäche zeigen würde.
Was ist das?
Kommen da etwa
die Dromaeosauriden
tatsächlich wieder zurück?**

Na gut, dann will auch ein mürrischer T-Rex mal nicht so sein – er ist ja jetzt satt, dann können die anderen auch noch ein kleines Stückchen abbekommen. Aber nur ein ganz kleines! Und morgen werden die Karten neu gemischt im Dino-Wald vor 66 Millionen Jahren …

# LESERÄTSEL

Prima, du hast alle Geschichten gelesen und das ganze Buch geschafft! Eine tolle Leistung! Ein dinostarkes Leserätsel wartet jetzt noch darauf, von dir gelöst zu werden. Das ist sicher kein Problem für einen Profi-Leser wie dich. Die Buchstaben vor der richtigen Antwort trägst du der Reihenfolge nach in die Kästchen auf Seite 91 ein. Das Lösungswort verrät dir, wann die Dinos lebten.

1. Was hat das Maul des kranken T-Rex befallen?

U Parasiten

A Spinnen

2. Was für ein Tier ist Hexapoda?

K Schmetterling

R Libelle

3. Welcher Dino ist der größte im Quartett?

W Gigantspinosaurus

Z Argentinosaurus

4. Was fraß ein Tarchia gigantea?

E Pflanzen

O Fleisch

5. Was war ein Dunkleosteus?

L Urkrokodil

I Panzerfisch

6. Nach welchem Tier haben Dino-Forscher den Carnotaurus benannt?

G Hirsch

T Stier

Lösungswort: ☐ ☐ ☐ ☐ ☐ ☐

Lösungswort: URZEIT

Der Kleine Prinz:
Geschichten für Erstleser

ISBN 978-3-86318-247-2

Der Kleine Prinz:
Eine spannende Planetenreise

ISBN 978-3-944107-03-5

Yakari:
Neue Abenteuer
zum Lesenlernen

ISBN 978-3-86318-216-8

Yakari:
Geschichten zum
Lesenlernen

ISBN 978-3-86318-133-8

Yakari:
Kurze Geschichten
für Erstleser

ISBN 978-3-86318-179-6

Yakari:
Indianerabenteuer
für Erstleser

ISBN 978-3-86318-343-1

Yakari:
Indianergeschichten
für Erstleser

ISBN 978-3-86318-338-7

Yakari:
Geschichten
für Erstleser

ISBN 978-3-86318-327-1